AF249733

MEMOIRES

POUR SERVIR

A L'HISTOIRE DE LA VIE

DE

M. SILVA.

Par M. BRUHIER, Docteur, en Médecine.

M. DCC. XLIV.

MEMOIRES

POUR SERVIR
A L'HISTOIRE DE LA VIE
DE
M. SILVA.

EAN-BAPTISTE SILVA, nâquit à Bordeaux le 13 Janvier de l'année 1682. Son pere, qui pendant plus de soixante ans y exerça la Médecine avec distinction, lui donna une éducation conforme aux vûes qu'il s'étoit proposées. Il en vouloit faire un Medecin; &, instruit par Hippocrate, & l'expérience, de la multiplicité de connoissances que demande cet état, des difficultés inséparables de l'exercice de la Profession, & de la brièveté de la vie, il ne négligea rien pour tirer parti de bonne heure des heureuses dispositions qu'il trouva dans son fils. On peut juger par le succès des attentions du pere si le fils y répondit. Il passa Docteur à Montpellier au mois de Février 1702, n'étant alors âgé que de dix-neuf ans.

Le bonheur qu'il eut d'y prendre les leçons d'un Professeur, dont la réputation ajoutoit encore à celle de cette célebre Université, ne contribua pas peu aux succès qu'il eut dans les actes publics, & particuliers, & même à l'estime universelle qu'il s'acquit par la suite. Aussi M. Chirac, appellé à Paris pour y remplir successivement les places les plus éminentes où il pût prétendre, vit-il toujours avec une complaisance égale à la reconnoissance de

son Disciple, les fruits heureux
de ses sçavantes instructions.

Le desir de se perfectionner
dans sa Profession, détermina M.
Silva, dès qu'il fut Docteur, à
chercher les connoissances dans
leur source. Il vint à Paris, s'at-
tacha à M. Helvetius, père de
celui qui répond si dignement à
la confiance dont la Reine l'ho-
nore. M. Helvetius trouvant dans
le jeune Docteur une capacité
fort au-dessus de son âge, & les
plus heureuses dispositions, crut
ne pouvoir mieux faire que de
l'aider de tout son pouvoir. Na-
turellement porté à faire plaisir
à tout le monde, que ne devoit-
il point entreprendre en faveur
du mérite éclatant ? Il fit connoître chez ses Malades celui de
M. Silva, il se déchargea sur lui
d'une partie des affaires dont il
étoit accablé, & l'application in-
fatigable de l'Eleve, justifiant les

éloges du Protecteur, lui acquit bien-tôt la confiance directe de ceux qu'il ne traitoit d'abord que sous des auspices étrangers.

Il est à propos de remarquer qu'en arrivant à Paris, M. Silva n'ambitionna point de se jetter dans la pratique. Il crut devoir faire une étude particuliere de la Chimie, de la Pharmacie, & de la matiere Médicinale; ce qui lui fit prendre un logement chez un Apotiquaire célebre. Les progrès qu'il fit dans ces sciences ont été constatés par les succès d'un ouvrage anonyme qu'il composa dans ce tems, & dont il n'a jamais voulu dire le titre à ceux-mêmes en qui il avoit le plus de confiance.

L'application, & les progrès que l'Apotiquaire remarquoit dans M. Silva, en lui acquerant l'estime de son hôte, produisoient un effet très-désavantageux à un jeune homme à qui M. Silva étoit fort attaché. L'Apotiquaire avoit un fils dans lequel il auroit souhaité voir autant d'ardeur pour se perfectionner dans sa profession, qu'il en voioit au jeune Docteur, à qui les connoissances qu'elle demande étoient bien moins nécessaires. M. Silva, aiant inutilement emploié ses bons offices en faveur du fils, s'avisa d'un expédient assez singulier pour justifier en quelque manière l'indifférence du fils pour sa Profession. Il composa sous le nom du fils un Ouvrage de littérature, qui a aussi été imprimé anonyme, & débité avec succès, s'imaginant que le pere auroit quelque indulgence pour son fils, en considération de l'objet qui divertissoit son attention. Cette ruse produisit son effet. Il n'est donc point étonnant que M. Silva ait gardé un secret impénétrable sur le titre de ce second Ouvrage.

Dès qu'il eut acquis dans la Chimie, la Pharmacie, & la matiere Médicinale, les connoissances qu'il crut nécessaires, M. Silva se tourna tout entier du côté de la pratique. Rien ne pouvoit le détourner de l'application qu'il y donnoit. Elle lui fesoit éviter toutes les relations qui pouvoient l'en distraire. Il y avoit déja long-tems qu'il occupoit un apparte-ment dans la maison de M. Prévost, Procureur au Châtelet, sans qu'il eut profité de l'accès qu'y trouvoient les gens de mérite, & d'honneur, lorsqu'un Pensionaire, extrêmement recommandé à M. Prevost, à qui d'ailleurs il suffi-soit qu'on demeurât chez lui pour avoir droit à toutes ses attentions, fut attaqué pendant la nuit d'une pleurésie extrêmement aigue. Le prompt secours dont le Malade avoit besoin, le fit chercher dans l'endroit le plus proche. On pria

M. Silva de defcendre. Il n'eut, garde de laiffer échapper l'occafion de former une liaifon qu'il avoit regretté plus d'une fois d'avoir négligé. Ses foins furent heureux, & le Malade guérit promptement.

Entre autres enfans M. Prevoft avoit une fille qui réuniffoit les avantages des agrémens extérieurs avec la bonté du caractere, & la délicateffe de l'efprit. Il faut fouvent moins d'attraits pour captiver le cœur d'un jeune homme. Auffi M. Silva lui rendoit-il toute la juftice qu'elle méritoit, autant par fentiment, que par raifon. Il la demanda en mariage. Les efpérances d'un établiffement avantageux, fondées fur un mérite diftingué, étoient alors fon unique bien. Auffi lorfque M. Prevoft lui demanda furquoi il affigneroit le douaire de la future, répondit-il, fans fe décontenancer, *sur les brouillards de la Seine.* M. Prevost, homme d'esprit, démêlant une vérité constante dans cette expression triviale, emploiée par un Médecin dont la réputation commençoit à s'établir, & une sécurité pour l'avenir qui lui parut de bon augure, trouva le fond affez solide pour paffer fur le peu de fortune actuelle de M. Silva. Il lui accorda donc fa fille, & le mariage fut célébré le. . . . . . 1710.

M. Silva s'étoit peu embarraffé jufques alors d'acquérir le droit d'exercer librement la Médecine à Paris. Mais fon changement d'état demandoit des vûes nouvelles. D'ailleurs il ne vouloit point déplaire à M. Fagon, alors Premier Médecin, qui foutenoit avec chaleur les privileges de la premiere Faculté du Roiaume dont il fefoit lui-même partie. M.

Silva, se mit donc sur les bancs, & reçut le Bonnet de Docteur à la fin de sa licence en 1712. Il seroit étonnant qu'il se fût fait moins d'admirateurs dans les examens, & Theses, qu'exigent les Statuts de la Faculté de Paris, qu'il n'en avoit eus à Montpellier. Aussi s'il se trouva fort honoré d'être associé à ce Corps illustre, ce Corps se félicita-t'il de l'acquisition qu'il avoit faite.

Ce nouveau grade contribua encore à le faire connoître. Le connoître, & l'estimer étoit la même chose. Cependant il étoit toûjours renfermé dans les bornes étroites d'une pratique purement bourgeoise. Mais une cure d'éclat devoit bien-tôt le produire dans le grand monde.

Il avoit ci-devant guéri d'une passion iliaque survenue ensuite d'une couche, la femme d'un Peintre, connu à Paris par un

grand nombre de Portraits , M.
Fontaine. Une Dame d'une naiſ-
ſance illuſtre , attaquée du même
mal dans les mêmes circonſtan-
ces , épuiſoit inutilement la ſcien-
ce des Médecins les plus célebres.
Sa Garde , qui l'avoit été de la
Dame Fontaine , dans le tems
que M. Silva l'avoit guérie , con-
ſeilla à la Malade d'avoir recours
à ſes lumiéres. On eut d'abord
beaucoup de peine à y conſentir.
Quelle eſpérance concevoir des
ſoins d'un jeune homme qui n'a
point d'équipage , quand les Médecins les plus célebres ſont en
deffaut ! Cependant l'accident de-
venant de plus en plus redouta-
ble , on conſentit de voir M. Silva,
& la judicieuſe application qu'il
fit des remedes , aidée de la confiance que la Garde avoit inſpi-
rée à la Malade , paſſa les eſpé-
rances qu'on avoit oſé concevoir

Il suffit de connoître la façon de penser des gens de qualité pour juger de l'effet que produisit cette cure. Il leur fut permis d'avoir recours à M. Silva sans se compromettre. Aussi, M. le Duc de Beauvilliers étant tombé malade à Arras, fit-on partir en toute diligence M. Silva pour aller à son secours. En arrivant il trouva le Malade sans connoissance. Tous les Médecins de la Ville assemblés dans sa chambre, & intimement persuadés qu'il touchoit à ses derniers momens, témoignèrent à M. Silva le regret qu'ils avoient de ce qu'il venoit si tard à leur secours. Après un mûr examen il fut d'avis qu'on saignât le Malade au pied. Soit que les Médecins ne fussent point encore revenus de leur prévention contre ce remede, ou qu'ils fussent persuadés de son inutilité dans les circonstances, ils s'y oppose-

rent d'abord , & ne se rendirent
qu'à l'autorité de Celse , qui con-
seille d'emploier plûtôt un remede
douteux , que de livrer le Malade
à une mort infaillible. Ils regar-
doient donc attentivement couler
le sang du Malade , comptant
toujours que son évacuation ne
sosoit que hâter la fin de sa vie.
On peut juger de leur étonne-
ment lorsque sa tête se dégagea ,
avant même que la veine fut fer-
mée. Une seconde saignée , faite
sans opposition , aiant mis le Malade à l'abri du retour de ce dan-
gereux accident , & les mesures
pour la suite étant bien concer-
tées , M. Silva revint à Paris cou-
vert d'une gloire nouvelle , & avec
un nouveau droit à la confiance
des gens de qualité.

Il ne tarda pas à recueillir des
fruits glorieux , & utiles, des cures
qu'il fit des personnes distinguées
de la Cour , & de la Ville. Sa

réputation déja établie en 1721.
le fit appeller par M. le Duc
d'Orléans, Régent, dans les Consultations qui furent faites au Châ-
teau des Thuilleries sur le danger où le Roi se trouvoit alors. La
saignée du pied, qui avoit si bien
servi M. Silva dans la cure du
Duc de Beauvilliers, ne lui man-
qua pas dans cette occasion im-
portante. Ce remede, qu'il con-
seilla comme le plus jeune des
Consultans, aiant été adopté par
les autres, lui procura la gloire de
rendre à la France un Roi l'objet
de ses inquiétudes, & de ses al-
larmes, qui lui marqua son estime,
& sa reconnoissance, par un Brevet de quinze cens livres de pension, dont il le gratifia.

Les succès brillans excitent plus
communement l'envie qu'une noble émulation. M. Silva avoit
donc des ennemis. Ils s'imagine-
rent avoir trouvé en l'année 1723

une occasion favorable de lui nui-
re, peut-être même de le perdre.
Ils n'eurent garde de la laisser
échapper. Il régnoit alors à Paris
une petite vérole épidémique du
caractere le plus malin. Il mourut
entre les mains de M. Silva quel-
ques personnes de considération.
On en accusa la pratique, préten-
due nouvelle, qu'il vouloit intro-
duire. Ces bruits injurieux passe-
rent jusqu'à la Cour, & M. Do-
dart, alors Premier Médecin,
écrivit à M. Silva pour s'éclaircir
de la vérité. C'est ce qui lui donna
lieu de composer ses Observations
sur la petite vérole, Ouvrage également digne d'un Médecin sa-
vant, & judicieux, & d'un exact
Observateur. Aussi ferma-t'il la
bouche à l'imposture.

Deux Princes du Sang avoient
été attaqués de cette cruelle mala-
ladie, Monseigneur le Duc, Louis
Henri de Bourbon, Prince de
Condé,

Condé, & Monseigneur le Prince de Conti, tous deux avoient été traités par M. Silva, & tous deux guéris. Le danger imminent auquel le premier de ces Princes avoit été arraché, ne demandant rien moins qu'une confiance sans réserve, il lui fit l'honneur de le choisir pour son premier Médecin. M. Silva fils est en état de fournir des preuves autentiques que cette confiance ne s'est jamais démentie tant de la part de Monsieur le Duc, que de toute la Maison de Condé, puisqu'il peut représenter deux Brevets, chacun de mille livres de pension viagere, l'un a lui accordé en 1730. par forme de donation entre vifs, par S. A. S. Madame Louise de Bourbon, veuve de Louis de Bourbon, Prince de Condé, connue dans le monde sous le nom de la Duchesse, en consi-
es services de son père;

l'autre accordé au pere en 1734, & reverfible au fils, fur la Commiffion de Garde des Archives de la maifon du Roi.

Ces marques honorables des bontés de la Maifon de Condé n'ont point lieu de furprendre, fi l'on fe rappelle ce que Monfieur le Duc, fefant alors les fonctions de Premier Miniftre, engagea le Roi à faire en faveur de M. Silva. M. Boudin aiant été attaqué en l'année 1724, d'une maladie qui l'empêchoit de faire les fonctions de Médecin Confultant du Roi ; M. Silva obtint de M. Boudin fa démiffion, à condition qu'il continueroit de jouir jufqu'à fa mort des appointemens qui y font attachés, & qu'après lui on feroit une penfion viagere à une niece qu'il aimoit tendrement. Ces arrangemens pris, bien que la place de Médecin Confultant ne foit qu'une commiffion, le Roi agréa la démiffion de M. Boudin , aux conditions ftipulées , & fit à M. Silva l'honneur de lui conférer cette dignité.

En conféquence la penfion de quinze cens livres qu'il lui avoit accordée en 1721 auroit dû être éteinte , mais , trop content de fes fervices pour rien diminuer de fes faveurs , le Roi tranfporta cette penfion à la Dame Silva , par Brevet du 30 Septembre 1729. On remarquera à propos de ce Brevet , que , cette Dame étant morte , le Roi , toujours favorablement difpofé en faveur du pere , en confentit le tranfport fur la tête du fils.

Depuis que M. Silva eut été nommé Médecin Confultant du Roi , il lui donna de nouvelles preuves de fon zéle , & de fa capacité ; & la Reine en reffentit les effets , lorfqu'elle fut malade en 1726.

Tant d'heureux succès de la pratique de M. Silva rendirent son
nom célebre, non seulement en
France, mais dans les Païs Etrangers. Un Prince, que ses vertus
ont rendu les délices de la France, dans le tems que ses disgraces
l'ont obligé d'y chercher un azile,
le Sérénissime Electeur de Baviere, Maximilien-Emmanuel Ma-
rie, attaqué d'une maladie des plus
graves, eut recours à ses lumiéres. Il le fit d'abord consulter sans
lui faire confidence de la dignité
du Malade. On avoit pris les mêmes précautions avec M. Chirac
qui fut consulté dans le même
tems. Ces Consultations sont im-
primées dans un Recueil de Dissertations & Consultations Médi-
cinales qui vient de paroître. Celle de M. Silva fut si goutée de ceux
qui avoient la confiance de l'Electeur, que ce Prince fit demander au
Roi la permission de faire venir M.

Silva à Munich. Il y resta un tems assez considérable, & procura à l'Electeur tout le soulagement qu'il avoit droit d'espérer dans sa situation. Ce Prince content du zele de M. Silva, & du succès de ses soins, le rendit à ses devoirs, & à sa Patrie, comblé d'honneurs, & de présens.

On a vû jusqu'à présent M. Silva occupé d'une gloire qui ne survit pas long-tems à ceux qui l'ont acquise. A peine en effet connoît-on de nom les Médecins qui ont eu le plus de réputation dans le tems qu'ils fesoient les délices des Potentats ausquels ils étoient attachés. La noble passion de se survivre à lui-même, & de se rendre utile à la société, lors même qu'il n'en feroit plus partie, détermina M. Silva à donner au Public les fruits de son expérience, de ses lumiéres, & des momens qu'il pouvoit déro-

ber à un exercice continuel de sa
Profession. Il publia donc en 1727
un *Traité de l'usage des différentes
sortes de saignées, & principale-
ment de celle du pied.* On ne s'attend
point sans doute d'en trouver ici
l'analyse. Car outre qu'il est suffi-
samment connu, il mérite bien d'ê-
tre lû en entier par ceux qui ne
le connoîtroient pas.

Il eut le sort de tout ce qui pa-
roît avec éclat. Les éloges fas-
tueux que lui donnerent la Faculté de Médecine de Paris, &
des Médecins Etrangers du premier ordre, tels, par exemple,
que le célebre Boerhaave, des
traductions en plusieurs Langues,
des contrefactions qui en furent
faites en différens païs, ne le mi-
rent point à l'abri des critiques.
Mrs Hecquet, Chevalier, Senac,
Médecins, Quesnay, Chirurgien,
écrivirent contre ses principes,
& sa pratique, dans le commen-

cement que l'Ouvrage parut. Depuis ce tems M. Tralles, Médecin d'Uratislaw en Silesie , M. Martin, & depuis peu, quoi qu'indirectement, M. Gourraigne, Professeur à Montpellier, l'ont attaqué. C'est dommage , sans doute, que les occupations de M. Silva , qui se multiplioient tous les jours , & le fin de sa vie qu'il trouva dans un âge où l'on a tout lieu d'espérer d'en voir prolonger le cours , ne lui aient point permis de dégager la parole qu'il avoit donnée solemnellement de faire une nouvelle édition de cet Ouvrage , qui contiendroit la réponse à toutes les objections qui lui avoient été faites par ces différens adversaires. Au reste ses occupations ne l'empêchoient pas d'y travailler de tems en tems ; & l'on a trouvé après sa mort beaucoup de morceaux décousus , qu'il comptoit employer dans la seconde

édition , mais qui demandent
rellement à être placés par la main
de l'Auteur , qu'il n'y a que lui
qui puisse en tirer parti. Quoi qu'il
en soit, on croit pouvoir assurer
sans témérité que l'Ouvrage, tel
qu'il est , passera aux siecles re-
culés.

L'Année qui suivit la publica-
tion du Traité de l'usage des Saignées mérita de nouveaux lau-
riers à M. Silva. Les plaintes qu'on
avoit faites contre sa pratique
dans le traitement de la petite vérole épidémique de 1723, n'em-
pêcherent pas le Roi attaqué de
cette maladie en 1728 de l'ho-
norer de la même confiance que
par le passé , & d'avoir lieu de
s'en louer. Depuis ce tems Sa
Majesté n'a pris part à la santé de
personne, sans souhaiter que M.
Silva l'aidât de ses conseils , &
c'est en partie à leur prudence que
nous avons obligation des jours

d'un Prince également propre, & deftiné, à faire notre bonheur, ou celui de nos neveux.

Le Roi qui partageoit la joie que répandoit dans tout le Roiaume l'heureufe convalefcence de Monfeigneur le Dauphin, voulant donner à tous ceux qui y avoient contribué des marques de fon eftime, eut la bonté de leur en laiffer le choix. M. Silva, qui avoit rejetté l'honneur qu'on vouloit lui faire en lui préfentant une Généalogie qui le fefoit defcendre de la Maifon de Silva, famille diftinguée de Portugal, Roiaume dont il eft originaire, qui s'étoit contenté de répondre modeftement au Duc de Silva, qui lui avoit marqué dans une Lettre qu'ils étoient parens, que cet honneur le flatteroit infiniment s'il croioit qu'il eut un fondement réel, mais qu'il fe bornoit à faire de fon mieux pour n'en être pas

indigne ; M. Silva, dis-je, met-
tant à profit la complaisance du
Roi, supplia Sa Majesté de lui
accorder des Lettres de Noblesse.
Elles furent expédiées pour lui,
& sa postérité, au mois de Février
1738. On lui donna pour armes
un écu d'azur, un dauphin d'argent, & une bordure d'or, se-
mée de fleurs de lis d'azur, cet
écu timbré d'un casque de profil,
& orné de ses lambrequins d'or,
d'azur, & d'argent.

C'est de ce titre autentique que
sont tirés les principaux traits que
contiennent ces Mémoires. Ces
Lettres rappellent encore entre
autres choses honorables à M.
Silva que plusieurs Souverains
de l'Europe l'ont honoré de
leur confiance, & ont toujours
éprouvé combien il en étoit digne, que né avec les plus heureuses dispositions cultivées par
une étude assidue, & un travail

sans relâche, il en a fait depuis trente-cinq ans ressentir les avantages au Public ; que, jaloux de multiplier ses secours, il a formé des sujets qui commencent à partager avec lui cette confiance générale qu'il a si justement acquise.

Il n'y a rien dans ces éloges que le Public ne sache parfaitement, si ce n'est le nom des Princes Souverains qui ont honoré M. Silva de leur confiance. On a remarqué ci - devant qu'il fut appellé à Munich par l'Electeur de Baviere ; on ajoutera ici que S. A. R. Monseigneur le Duc de Lorraine lui fit l'honneur de le consulter, & que la Czarine Catherine le souhaita pour son premier Médecin, & lui fit proposer des avantages assez considerables pour tenter une personne moins attachée que lui à la Famille Roïale, & au Païs auquel

il devoit sa naissance, sa réputation, & sa fortune.

Quelque versé que fut M. Silva
dans la connoissance de l'Ana-
tomie, de la Chimie, de la Pharmacie, &c. comme ses occupations ne lui laissoient que le tems
de profiter des découvertes des
autres, dont il paioit souvent la
confidence par les conséquences
lumineuses qu'il en tiroit, & qu'il
ne vouloit point entrer dans une
Compagnie sans remplir les obli-
gations que contractent ceux qui
la composent, il jugea que ses
occupations lui fermoient l'entrée
des compagnies savantes, qui,
sans bannir les raisonnemens
qu'elles se font une loi de ne
point adopter, se restraignent à
amasser des faits certains, &
averés qui leur servent de degrés
pour monter au sanctuaire de la
Nature. Il ne goûta pas davan-
tage, par la même raison, la pro-

position que lui fit M. l'Abbé Bignon de le faire associer à l'Académie des Inscriptions, Il ne lui restoit que l'Académie Françoise, dont les occupations lui parurent moins incompatibles avec les siennes ; mais le peu de rapport qu'il trouva entre l'objet de cette Compagnie , & celui qu'un Médecin doit se proposer , lui fit bientôt perdre de vûe ce projet. Il seroit donc mort sans participer aux honneurs littéraires qu'il méritoit à tant de titres , si l'Académie des Belles-Lettres , Sciences , & Arts, établie à Bordeaux , ne l'eut adopté en qualité de Médecin associé. Et il en étoit tems : car sa mort suivit de près la délibération de cette Compagnie qui est du 14 Janvier 1742. Il étoit dans sa soixante & uniéme année.

L'étendue de ses connoissances recevoit un nouveau mérite d'une éloquence naturelle qui lui fesoit

touſours trouver les termes les
plus propres, & les tours les plus
heureux, pour rendre ſes penſées;
avantage également propre à ſe
rendre aimable aux perſonnes en
ſanté, & à conſoler les Malades,
en ranimant leur courage, & fe-
ſant renaître l'eſpérance dans les
cœurs abbatus. Ses occupations
ne l'empêchoient point, du moins
dans les derniers tems, où il s'étoit
borné à un certain nombre de
malades, de chercher les occa-
ſions de remplir tous les jours des
devoirs que l'Egliſe a reſtrains aux
Fêtes, & aux Dimanches, & lui
fourniſſoient les moiens de ré-
pandre dans le ſein des pauvres
des charités d'autant plus eſti-
mables, qu'ils n'en ont connu
la ſource que quand elle a ceſſé
de couler pour eux.

M. Silva a laiſſé une fortune
avantageuſe à deux enfans qui lui
ſont reſtés d'un plus grand nom-

bre ; M. Adrien-Clément Silva ,
Conseiller au Grand Conseil , &
Dame   Silva , mariée
à M. Renard de Rouffiac , Re-
ceveur Général des Finances.

L'Approbation & le Privilege se trouvent à
la fin des *Dissertations & Consultations Médi-
cinales* , *&c.* chez DURAND , Libraire ,
ruë S. Jacques.